Nicole Joiner & Dagmar Rücker

RUCKZUCK KREATIV

BAND 1

Mit Blätter-Zauber und Glitzer-Laterne

Schnelle Ideen für das Kita-Atelier
im HERBST

Ökotopia Verlag, Münster

IMPRESSUM

Autorinnen	Nicole Joiner – Dagmar Rücker
Lektorat	Uta Koßmagk
Fotos	Nicole Joiner – Dagmar Rücker; Klinken S. 5, 9, 27, 33: pixabay.com
Covergestaltung	PERCEPTO mediengestaltung
ISBN	978-3-86702-328-3

1. Auflage
© 2015 Ökotopia Verlag, Münster

Bleiben Sie in Kontakt

www.oekotopia-verlag.de

Ein weiterer Titel aus der Reihe
„Ruckzuck kreativ":
Mit Filz-Elch und Löwen-Maske
ISBN 978-3-86702-329-0

VORWORT

Wenn die Sonne uns ihre letzten warmen Herbststrahlen sendet, die Natur sich noch einmal mit all ihrer Farbenpracht zeigt und uns mit ihren Gaben verwöhnt, eröffnen sich unzählige Möglichkeiten, diese Jahreszeit mit Kindern zu erleben und kreativ zu gestalten.
In Band 1 unserer Ruckzuck kreativ-Reihe finden Sie eine Vielzahl von Ideen, die Sie im pädagogischen Alltag im Herbst **mit Kindern im Alter zwischen 3 und 6 Jahren** leicht umsetzen können. Das dafür benötigte Material ist überschaubar und meistens in Ihrer Einrichtung vorhanden. Die Abbildungen erleichtern die Umsetzung und regen zum kreativen Gestalten an. Durch die Perforation und Vorlochung können Sie die einzelnen Seiten leicht heraustrennen und archivieren.

BUNTE BLÄTTER

*Der Herbst taucht das Laub in leuchtende Farben – von Goldgelb über Orangerot bis Braun.
Der Wind lässt es zu Boden schweben und bei jedem Schritt raschelt es unter unseren Füßen.*

Material: ⬥ gesammelte Herbstblätter ⬥ Zeitungspapier
⬥ Wasserfarben ⬥ Zahnbürsten
⬥ kleine Spritzsiebe ⬥ Tonpapier
in verschiedenen Farben, DIN A3
⬥ Flüssigklebstoff

Vorbereitung

Die Kinder sammeln draußen in der Natur bunte Herbstblätter.
Zurück in der Einrichtung legen sie diese zwischen Zeitungsblätter, beschweren den Stapel mit schweren Büchern und lassen die Blätter trocknen.

Herstellung

- Ein besonders schönes Herbstblatt aussuchen und auf ein Stück Zeitungspapier legen.
- Mit einer Zahnbürste flüssige Wasserfarbe aufnehmen und diese entweder mit dem Daumen oder mithilfe eines Spritzsiebes über das Herbstblatt spritzen. Diesen Vorgang mit mehreren Herbstblättern durchführen.
- Die bunt besprenkelten Blätter zum Trocknen auslegen.
- Die fertig gestalteten Herbstblätter auf einem Blatt Tonkarton nach Wahl arrangieren und aufkleben.

FAMILIE FELDMAUS

Auch Feldmäuse sind sehr interessante Tiere. Wenn wir uns Zeit nehmen, sie genau zu betrachten, entdecken wir z.B. ihr zartes Fell, ihre lebendigen Knopfaugen und ihre zierlichen Pfötchen.

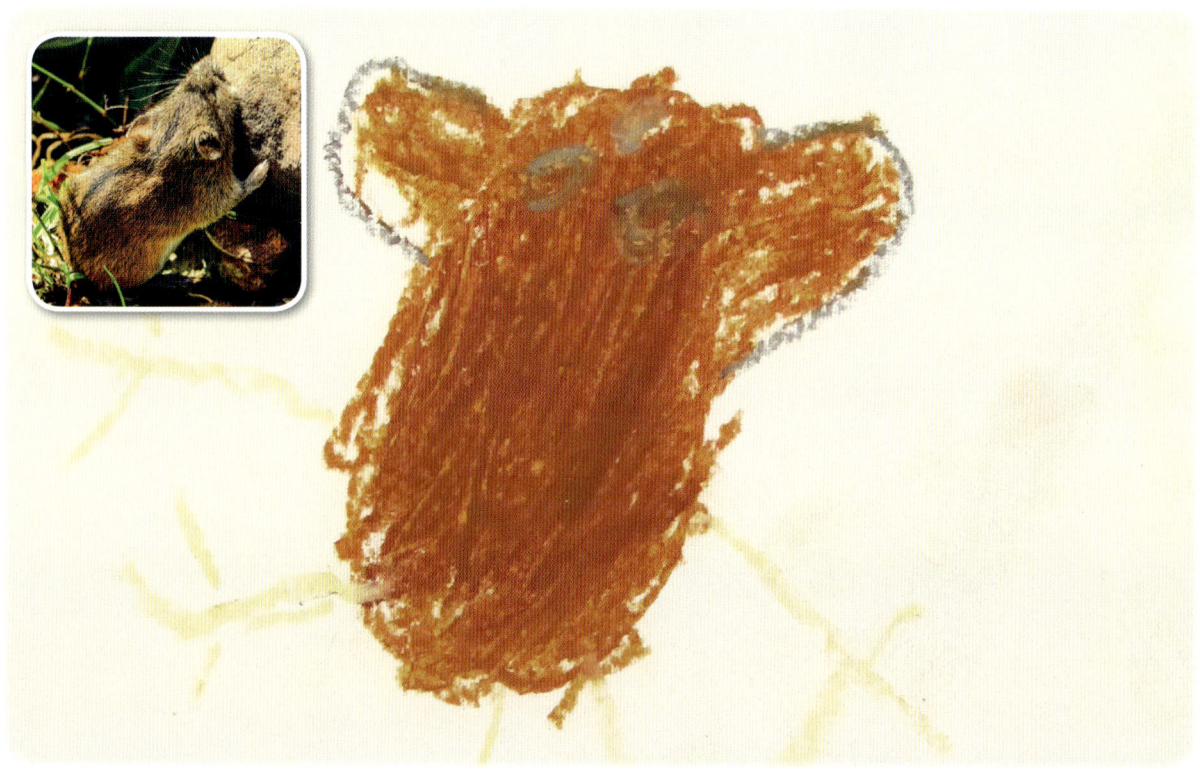

Material: ◆ Fotos von einer Feldmaus ◆ Zeichenpapier, DIN A4 ◆ Bleistifte
◆ Ölpastellkreide ◆ Wachsmalkreide ◆ Buntstifte

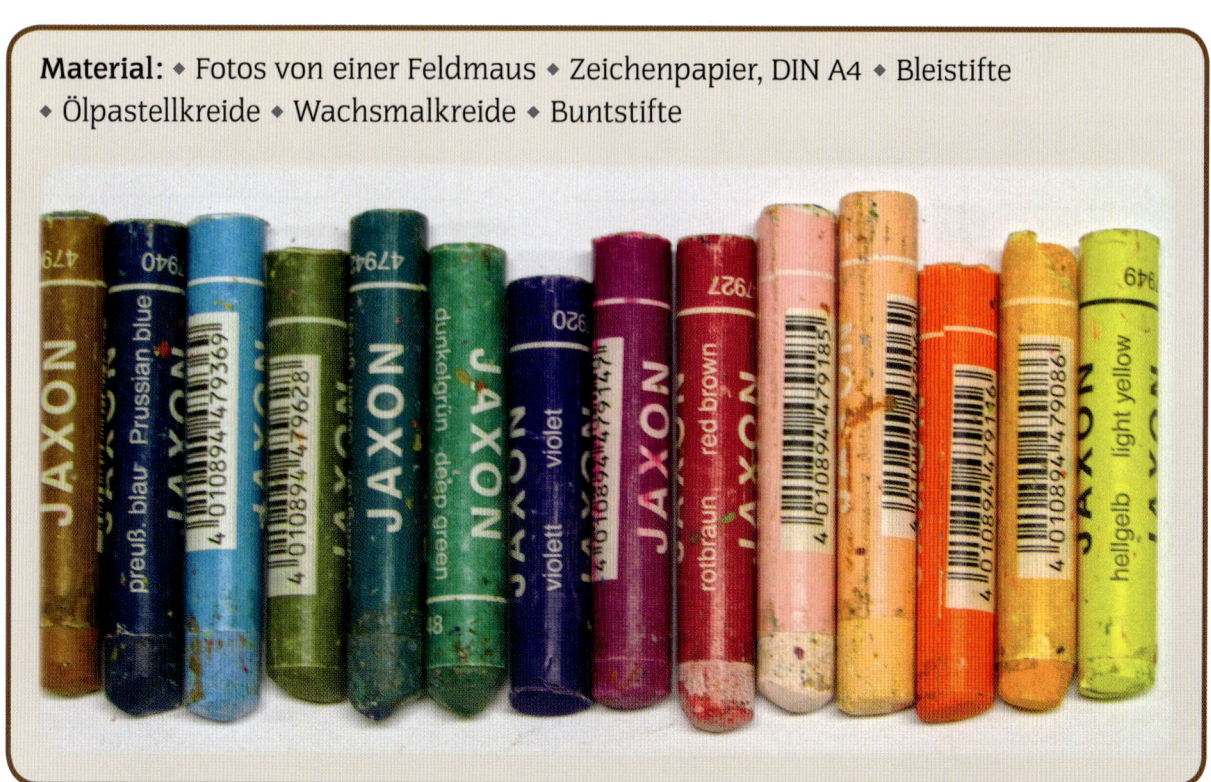

Vorbereitung

Gemeinsam mit der Leitung betrachten die Kinder Fotos von Feldmäusen. Sie benennen dabei die Besonderheiten einer Feldmaus.
Jedes Kind sucht sich einen Arbeitsplatz am Boden oder am Tisch und wählt sich eines der Fotos zum Abzeichnen aus.

Herstellung

* Nach Wunsch die Feldmaus zuerst mit Bleistift vorzeichnen.
* Mit einem oder mehreren Zeichenmaterialien eine oder mehrere Feldmäuse aufs Papier zaubern.

Und das ist der Rest von Familie Feldmaus!

REGENWETTER

Der Herbst bringt uns Regenwetter und graue Wolken am Himmel. An so einem verregneten Tag kann aber das von innen nach außen Schauen umso aufregender und interessanter sein.

Material: ◆ flüssige Temperafarben ◆ Pinsel ◆ Schwämme ◆ Fenstermalfarben

Vorbereitung

Die Kinder beobachten an einem regnerischen Tag, wie der Regen vor der Fensterscheibe niedergeht und an den Scheiben hinunterläuft.
Sie überlegen sich, welche Farben sie zum Regen malen benötigen oder welche Farben sie dafür mischen möchten.

Herstellung

- Mit den ausgewählten flüssigen Temperafarben oder Fenstermalfarben Regentropfen, Regenwolken und die Sonne auf die Fensterscheibe malen.
- Die Tropfen können mit Pinsel gemalt, mit Schwämmen getupft oder mit den Fingerspitzen aufgedrückt werden. An manchem Fenster erscheint sogar ein Regenbogen!

MAUERMÄUSE

Im Herbst legen die Mäuse ihre Vorräte für den Winter an. So auch unsere Mäusefamilie hier, die alle Leckereien in ihren Bau in der Gartenmauer unseres Kindergartens versteckt.

Material: ◆ Schuhkartondeckel
◆ flüssige Temperafarben ◆ Kieselsteine, Sand ◆ Schaumstoff
◆ Korken ◆ Wackelaugen
◆ Krepppapier- und Tonpapierreste ◆ Wolle, Schnur, Pompons

Herstellung

- Den Schuhkartondeckel mit flüssiger Temperafarbe nach Wahl bemalen.
- Kieselsteine und Sand in die noch flüssige Farbe streuen. Trocknen lassen.
- Den Schaumstoff zu Quadersteinen zuschneiden und in die getrocknete Fläche im Deckel zu einer Mauer zusammenkleben.
- Die Mauer mit flüssiger Temperafarbe bemalen.
- Die Korken als Mäusekörper auf Wunsch bemalen. Trocknen lassen.
- Mit den unterschiedlichen Materialien wie Wolle, Schnur, Pompons und Wackelaugen die Mäuse weiter ausgestalten.
- Aus Krepppapier- und Tonpapierresten zum Schluss noch verschiedene Gartenpflanzen gestalten.

BLÄTTERFÄNGER

Wenn wir uns im Herbst auf die Lauer legen, können wir sie sehen – die lustigen Blätterfänger. Das sind bunte, kleine, fantastische Gesellen, die hinter den Blättern herjagen.

Material: ◆ festes Papier bzw. Tonkarton in Weiß, DIN A3 ◆ Kreppklebeband ◆ flüssige Temperafarben ◆ gepresste Herbstblätter ◆ Tonpapier in verschiedenen Farben ◆ Buntstifte ◆ Material zum Ausgestalten, z.B. Federn, Glitzersteine, Glitzerfolie usw.

Herstellung

- Das feste, weiße Papier mithilfe von Kreppklebeband rundherum auf eine feste Unterlage kleben.
- Das aufgeklebte Papier mit einer oder mehreren Farben bemalen.
- Auf die noch feuchte Farbe gepresste Blätter kleben und diese bemalen.
- Nach dem Trocken das Kreppklebeband entfernen – es entsteht ein sauberer, weißer Rand.
- Einen Blätterfänger in beliebiger Farbe auf das Tonpapier zeichnen und ausschneiden.
- Den Blätterfänger mit den unterschiedlichen Materialien wie z.B. mit Federn, Glitzersteinen, Glitzerfolie etc. ausgestalten.

Hui, auf geht's in luftige Höhen!

RECHTECK ODER RAUTE

Die Kinder beschäftigten sich hier mit der Frage, wie aus einem Rechteck eine Raute entstehen kann. Mit rechteckigem Papier werden eigene Faltexperimente durchgeführt.

Material: ◆ Transparentpapier in verschiedenen Farben, rechteckig ◆ Klebeband, transparent ◆ Kreppklebeband ◆ Krepppapier in verschiedenen Farben ◆ Filzstifte

Vorbereitung

Die Kinder betrachten gemeinsam mit der Leitung die unterschiedlichen Formen der geometrischen Figuren Rechteck und Raute.

Herstellung

- Aus den Transparentpapierbögen eine Raute falten. Gelungene Faltversuche werden von den anderen Kindern nachgearbeitet.
- Mithilfe von Klebestreifen oder Kreppklebeband die gefalteten Ecken fixieren *(„Das sieht ja aus wie ein Drachen!")*.
- Aus Krepppapierstreifen dem Drachen Haare, Schwanz oder Ohren ankleben.
- Zum Schluss erhält der Drachen mithilfe der Filzstifte ein Gesicht.

Auf geht's, Drachenschar!

NATURCOLLAGEN

Besonders der Herbst regt uns zum Sammeln von Naturmaterialien an und schnell sind dann die Körbchen gefüllt. Aus diesen Schätzen lassen sich reizvolle Collagen herstellen.

Material: ◆ Naturmaterialien, z.B. Ast- und Rindenstücke, Kastanien, Zapfen aller Art, Eicheln ◆ Nussschalen ◆ Wellpappestücke (Altpapier) ◆ Schere ◆ Flüssigkleber oder Weißleim

Vorbereitung

Die Kinder gehen gemeinsam mit der Spielleitung in die Natur und sammeln Kastanien, Ast- und Rindenstücke, Zapfen aller Art, Eicheln und weitere Naturmaterialien nach Wahl.

Herstellung

- Das Wellpappestück in der gewünschten Größe zuschneiden.
- Die verschiedenen Naturmaterialien nach Wahl auf der Wellpappe arrangieren.
- Die einzelnen Teile mit Flüssigkleber oder Weißleim aufkleben.

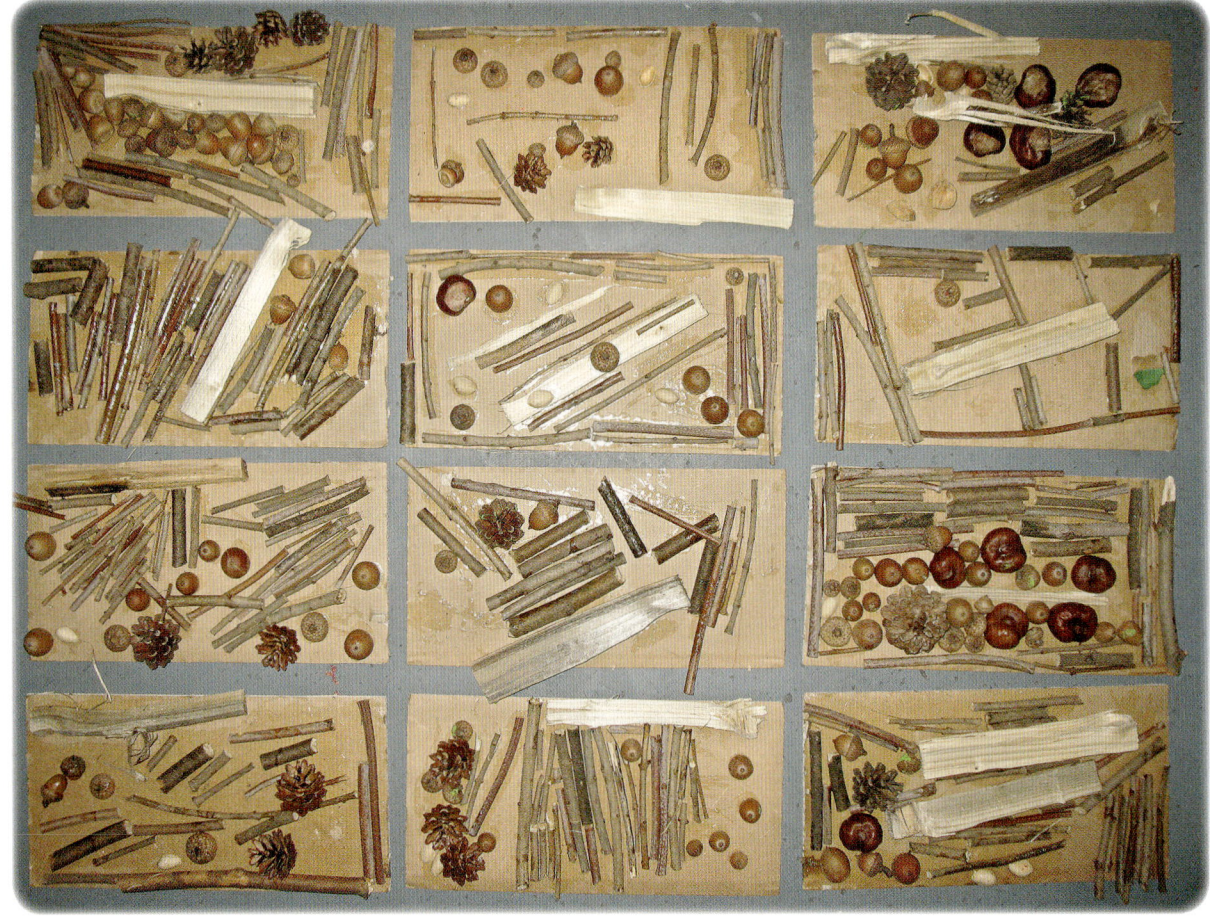

*Einzeln oder zusammen als Gruppe aufgehängt
entsteht eine reizvolle Herbstdekoration.*

LATERNEN

Wenn die Nächte jetzt wieder länger werden und es am Abend immer früher dunkel wird, ziehen die Kinder voller Freude mit ihren leuchtenden Laternen durch die Straßen.

Material: ◆ Laternenschachteln in unterschiedlichen Größen ◆ Transparentpapier in Gelb, Orange, Rot, Lila, Hellgrün ◆ Teelichter ◆ Prickelnadel ◆ Drahtbügel für Laternen

Herstellung

- Das Transparentpapier in lange, breite Streifen schneiden, die sich jeweils einmal komplett um eine Laternenschachtel mit 2 cm Überschlag wickeln lassen.
- Die Reste des Transparentpapiers in kleine Quadrate schneiden.
- Mit Flüssigkleber die Quadrate als Muster oder bunt gestreut auf die breiten Transparentpapierstreifen kleben.
- Nach dem Trocknen die beklebten Transparentpapierstreifen um die Laternenschachteln kleben.
- In den Boden der Laternen je ein Teelicht kleben.
- Mit der Prickelnadel in den oberen Rand der Laternen zwei Löcher bohren und den Drahtbügel darin befestigen.

ZAUBERLICHTER

Kannst Du das Rot, das Orange und das Gelb in der Dunkelheit leuchten sehen? Lustig tanzen und lodern die Flammen im Glas und das Zauberlicht erstrahlt in Flammenfarben.

Material: ◆ Aquarellpapier ◆ Wasserfarben in den Feuer-Farben ◆ Speiseöl, Küchentuch ◆ Motivstanzer oder Locher ◆ Holzperlen in verschiedenen Farben, rund und eckig ◆ Pfeifenputzer in verschiedenen Farben ◆ Teelichter ◆ Gläser

Herstellung

- Das Aquarellpapier in Rechtecke von ca. 20 cm × 10 cm zuschneiden.
- Die Rechtecke mit Wasserfarben in Feuer-Farben komplett bemalen.
- Nach dem Trocknen die Papiere mithilfe eines Küchentuchs mit Speiseöl einreiben und anschließend zum Trocknen auslegen. Durch das Einreiben mit Öl werden die Wasserfarben transparent.
- An den kurzen Seiten mit dem Locher oder einem Motivstanzer in regelmäßigen Abständen Löcher einarbeiten.
- Mit den Pfeifenputzern die beiden kurzen Seiten „zunähen".
- Den entstandenen Zylinder über ein Glas mit einem Teelicht darin stülpen.
- Die oberen Enden der Pfeifenputzer zu Spiralen, Tropfen oder anderen Formen biegen.

OBSTKORB

Im Herbst werden viele Früchte reif. Wir können jetzt reichlich ernten und unsere Obstkörbe füllen. Diese Jahreszeit beschert uns Äpfel, Birnen, Trauben, Nüsse und vieles mehr.

Material: ◆ Korbbeispiele zum Abzeichnen oder Studieren ◆ Zeichenpapier, DIN A3 ◆ Zeichenkohle ◆ Fixativ ◆ alte Zeitschriften und Prospekte mit Abbildungen von verschiedenen Obstsorten

Vorbereitung

Die Kinder suchen sich aus Prospekten und alten Zeitschriften Abbildungen von Obst und schneiden sie aus.
Sie betrachten sich auch die Korbbeispiele genau und überlegen sich, welchen Korb sie für ihr Bild verwenden wollen.

Herstellung

- Mit der Zeichenkohle einen großen Obstkorb auf das Zeichenpapier zeichnen. Die Kohlestriche dürfen dabei auch verwischt und wieder überzeichnet werden.
- Die fertigen Zeichnungen bei offenem Fenster oder im Freien mit Fixativ übersprühen.
- Die ausgeschnittenen Früchte im gezeichneten Obstkorb arrangieren und aufkleben.

Haben alle Lieblingsfrüchte einen Platz im Korb gefunden?

TISCHSETS

Der Herbst schenkt uns viele Obst- und Gemüsesorten, Nüsse und Esskastanien. Für den Winter werden diese Gaben eingefroren, eingekocht, gedörrt und eingelagert.

Material: ◆ Bildmaterial von Obst, Gemüse, Nüssen ◆ Tonkarton in verschiedenen Farben, DIN A3 ◆ Zeitschriften und Prospekte mit Abbildungen von Obst, Gemüse, Nüssen ◆ Buchschutzfolie, selbstklebend, transparent ◆ evtl. Laminiergerät für DIN A3 und Laminierfolie, DIN A3

Vorbereitung

Die Kinder suchen sich aus Prospekten und alten Zeitschriften Abbildungen von Obst, Gemüse, Nüssen und Esskastanien und schneiden sie aus. Zusammen mit der Leitung besprechen sie, um welche Obst- oder Gemüseart es sich jeweils handelt und tauschen sich über den Geschmack aus: *„Welches ist dein Lieblingsgemüse oder deine Lieblingsfrucht?"*, *„Kennt ihr Obst- oder Gemüsesorten, die in anderen Ländern besonders beliebt sind?"*, *„Was esst ihr zu Hause?"*

Herstellung

- Die ausgeschnittenen Früchte lose auf einem Tonkarton zu einer Gesamtkomposition arrangieren.
- Die Einzelteile mit Flüssigkleber aufkleben.
- Damit sich die Sets nach dem Gebrauch abwischen lassen, die fertigen Blätter mit selbstklebender Buchschutzfolie einbinden oder mit einem Laminiergerät einlaminieren.

Jetzt wird jede Mahlzeit zum fröhlichen Erlebnis!

HERBSTBOTEN

Hier entstehen aus herbstlich-bunten Naturmaterialien bizarre Herbstboten. Ob stehend oder liegend, sie verzaubern wunderbar jeden Raum, Tisch oder manche Fensterbank.

Material: ◆ frisches Herbstlaub ◆ Kastanien, Walnüsse, Eicheln, Zapfen etc. ◆ Ahle oder Handbohrer ◆ getrocknete Apfelsinen-, Zitronen- oder Apfelscheiben ◆ Basteldrahtstücke, ca. 0,65 mm stark ◆ Blumensteckmasse ◆ Wickeldraht, ca. 0,3 mm stark

Vorbereitung

Die Kinder gehen gemeinsam mit der Leitung in die Natur und sammeln frisches Herbstlaub, Kastanien, Walnüsse, Eicheln, Zapfen und andere Samenkapseln.

Herstellung

- Ein Stück Blumensteckmasse mit Herbstlaub und Wickeldraht ummanteln.
- Die Walnüsse knacken. In die Kastanien, Eicheln und Walnussschalenhälften mithilfe einer Ahle oder eines Handbohrers ein Loch bohren.
- Den Basteldraht mit einem Seitenschneider (Kneifzange) jeweils ca. 30 cm lang zuschneiden und abwechselnd buntes Herbstlaub, Kastanien, Walnüsse, Eicheln und andere Samenkapseln auffädeln.
- Den entstandenen Spieß in die vorbereitete Blumensteckmasse stecken und vorsichtig zurechtbiegen.
- Nach Wahl das Herbst-Arrangement noch locker mit farbigem Wickeldraht umwickeln.

BUNTES GEÄST

Gerade im Herbst ist es leicht, trockene Äste, Zweige und Rindenstücke zu finden, um sie bunt zu bemalen. Aufeinander gelegt entstehen immer wieder neue fantastische Astgebilde.

Material: ◆ kahle Äste und Zweige ◆ Rindenstücke ◆ flüssige Temperafarben ◆ Plastikbecher, transparent

Herstellung

- Die gesammelten Äste, Zweige und Rindenstücke zum Trocknen auslegen.
- In den transparenten Bechern die Herbstfarben anmischen.
- Die trockenen, kahlen Äste, Zweige und Rindenstücke mit den Herbstfarben kunterbunt bemalen.
- Nach dem Trocknen das bunte Geäst einzeln auslegen oder aufhängen oder zu einem spektakulären Kunstobjekt übereinanderlegen.

HERBSTSTIMMUNG

Im Herbst verändert die Natur ihr Farbenkleid. Sie erfreut uns Jahr für Jahr mit ihrer wundervollen Farbenpracht. In unseren Bildern werden diese herbstlichen Stimmungen eingefangen.

Material: ◆ Fotomaterial zum Thema „Herbst" ◆ Tonpapier in unterschiedlichen Blautönen ◆ flüssige Temperafarben ◆ Plastikbecher, transparent ◆ gesammelte Herbstblätter

Vorbereitung

Die Kinder gehen gemeinsam mit der Leitung in die Natur und sammeln frisches Herbstlaub. Zurück in der Einrichtung betrachten sie im Sitzkreis Fotos von Bäumen und Blumen im Herbst.

Herstellung

- In den transparenten Bechern die verschiedenen Temperafarben zu herbstlichen Farbtönen mischen.
- Mit den unterschiedlichen Farben ein Herbstbild auf ein blaues Tonpapier malen.
- Die gesammelten Blätter einfarbig bemalen, um sie als Druckstock zu benutzen.
- Die Blätter in das Bild hineindrucken.

DRACHENGLÜCK

Wenn der Herbstwind über die Felder weht, steigen unsere Drachen glücklich in die Lüfte empor! Sie wackeln mit den Ohren und winken uns mit ihren langen, bunten Bändern fröhlich zu.

Material: ◆ Tonkarton in Blau, Schwarz, Grau ◆ Buntstifte in Gelb und Weiß ◆ Transparentpapier ◆ Prickelnadeln und Unterlage ◆ Klebeband, transparent ◆ Wolle ◆ Papierreste, bunt

Herstellung

- Mit den Buntstiften den Umriss eines Drachens auf einen Tonkarton zeichnen.
- Mit der Prickelnadel den Umriss prickeln und herauslösen.
- Mit Transparentpapier den Drachen in einer oder mehreren Farben hinterkleben.
- Mit der Wolle den Schwanz und die Zöpfe des Drachen aufkleben.
- Nach Lust und Laune den Drachen mit bunten Papieren ausgestalten.

KARTOFFELKÖNIG

Kennt ihr die Geschichte vom Kartoffelkönig, der der Großmutter entwischt und am Ende in den Bäuchen hungriger Kinder landet? Wer hat Lust, den Kartoffelkönig zum Leben zu erwecken?

Material: ◆ Buch „Der Kartoffel-könig" von Christoph Niemann ◆ Kartoffeln ◆ Aquarellbuntstifte in unterschiedlichen Stärken ◆ saugfähiges Papier ◆ Metall-papier ◆ Hologrammfolie

Vorbereitung

Die Leitung erzählt den Kindern die Geschichte vom Kartoffelkönig.
Im Anschluss betrachten sie gemeinsam Kartoffeln, befühlen sie und riechen an ihnen.

Herstellung

- Mit Aquarellbuntstiften eine oder mehrere Kartoffeln zeichnen.
- Nach Wahl einen Hintergrund oder weitere Gegenstände in das Bild zeichnen.
- Mit einem feinen Pinsel und Wasser das Bild bearbeiten.
- Nach dem Trocknen aus den unterschiedlichen, glänzenden Materialien eine Krone zuschneiden und in das Bild einkleben.

Ein Hoch auf unsere Kartoffel-Majestät!

KÜRBISSE

Hier etwas für geschickte Finger – wie kann aus orangefarbenen Papierstreifen ein Kürbis entstehen? In dieser Aktion probieren die Kinder verschiedene Ideen plastisch umzusetzen.

Material: ◆ Papierstreifen in Orange, in unterschiedlichen Breiten ◆ Pfeifenputzer ◆ Federn ◆ Draht ◆ Büroklammern ◆ Flüssigklebstoff ◆ Klebeband ◆ Locher ◆ Tacker

Herstellung

- Die orangefarbenen Papierstreifen auslegen und experimentieren, wie daraus ein Kürbis entstehen kann.
- Mit geeignetem Material die Streifen fixieren, z.B. mit Klebstoff zusammenkleben, aneinandertackern oder mit Draht verbinden.
- Aus Federn oder Pfeifenputzern Geäst oder Blätter anbringen.

 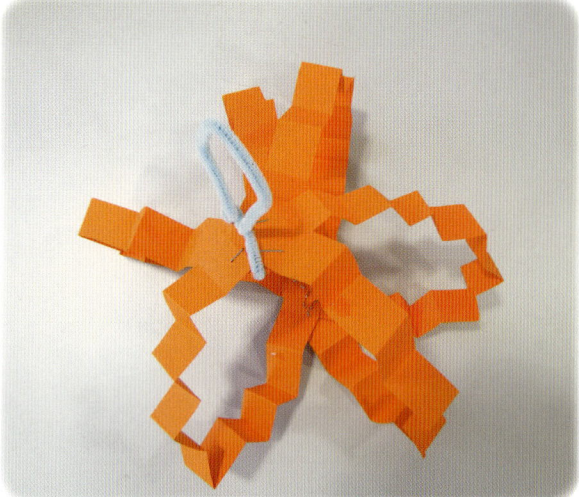

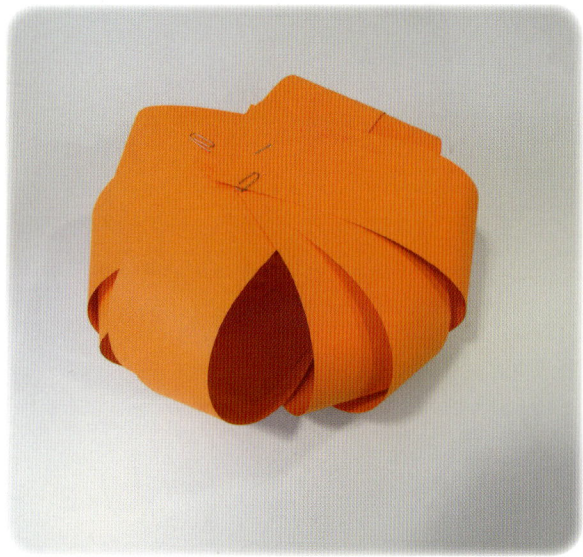 

HERBSTSTURM

Hier geht es mit Herbstfarben wild und stürmisch zur Sache. Selbst die Kleinsten wirbeln mit Pinsel und Farbe über das Papier und erwecken damit tosende Herbstwirbelwinde.

Material: ◆ Zeichenpapier in großen Formaten ◆ Wasserfarben (Temperapucks) ◆ breite Pinsel ◆ Schwämme ◆ Hände

Herstellung

- Mit den Kindern die Materialien zusammentragen und in der Mitte des Arbeitsplatzes sammeln.
- Gemeinsam mit Pinsel, Schwamm oder Hand das Anrühren der Farben mit Wasser üben. Dabei machen alle Sturmgeräusche.
- Jedes Kind erhält ein Zeichenpapier und malt sein Sturmbild.

Hörst und siehst du den Herbststurm durch das Zimmer toben?

INHALT

Literaturhinweise

Lionni, L.: Frederick. Weinheim (Beltz & Gelberg) 2003.
Niemann, Ch.: Der Kartoffelkönig. Berlin (Jacoby & Stuart) 2013.

Die Autorinnen

Nicole Joiner ist Erzieherin und Bildungsmanagerin (KH, Freiburg). Sie gestaltet und leitet seit 1998 regelmäßig kunstpädagogische Kurse und Projekte für Kinder und Jugendliche und ist Leiterin eines Kinderhauses. Sie lebt mit ihrem Mann und ihren beiden Söhnen in Mannheim.

Dagmar Rücker, Künstlerin und Dozentin, studierte von 1988–1992 an der „Freien Kunstakademie Mannheim" Bildende Kunst. Für ihre künstlerische Arbeit wurde sie mehrfach ausgezeichnet. Seit ihrem Studium gestaltet und leitet sie regelmäßig Kurse und Projekte für Kinder, Jugendliche und Erwachsene in verschiedenen Einrichtungen. Sie lebt und arbeitet in Mannheim.

Die beiden Autorinnen publizieren gemeinsam kunstpädagogisches Material für den Elementar- und Grundschulbereich.

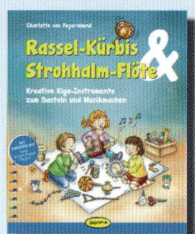

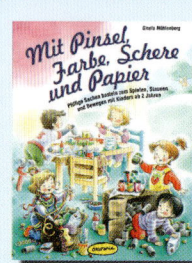